Guido Breuer

Moutarde de Montjoie - Lecker kochen mit Senf

Herausgeber und Verlag:
Weiss-Verlag GmbH & Co. KG,
Industriestraße 7, 52156 Monschau,
in Zusammenarbeit mit Guido Breuer

Monschau, 2007 - 11. unveränderte Auflage
ISBN 978-3-923632-05-3

Fotos: Archiv Historische Senfmühle Monschau

Zeichnungen: Walter Haehn

Konzeption und Gesamtherstellung:
Weiss-Druck GmbH & Co. KG, Industriestraße 7,
52156 Monschau, Telefon 02472/982-0

Bestellinfo für den »Moutarde de Montjoie«:
Guido Breuer, Telefon 02472/2245, Telefax 02472/5999

INHALT

»Für Marlis«

Mein Dank gilt allen,
die mir mit Rat und Tat
zur Seite standen!

Liebe Leserinnen und Leser !

Essen und Trinken hält Leib und Seele zusammen. Der Monschauer Senf - Moutarde de Montjoie - kann dazu entscheidend beitragen.
Senf paßt nicht nur zu deftigen Speisen. In der feinen Küche hat unser Moutarde de Montjoie längst Einzug gehalten.
So finden Sie in diesem Kochbuch sowohl Tips für zünftige Hausmannskost von Großmutter als auch ausgeklügelte Rezepte von Chefköchen. Das bedeutet nicht, daß Sie nicht weiterhin Ihren Senf auf das Käsebrot, in der Salatsauce oder zur Bratwurst essen können. Letztlich bleibt es Geschmacksache.
Hauptsache Sie werden, sind oder bleiben Senf-Fan, so wie ich.

Ihr Senfmüller aus Monschau
Guido Breuer

» Mit dem senff pflegt der koch gewisse essen gut und angenehm zu machen, oder er setzet solchen als ein tuncke bey böckel- und geräucherten fleisch, schinken etc. auff, wodurch dergleichen gerichte delikat, gesund und verdaulich gemacht werden. «

Nachzulesen in Amarenthes »Nutzbarem, galanten und curiösen Frauenzimmerlexicon« aus dem Jahre 1715.

KLEINE SENF-GESCHICHTE

Bereits die Ägypter, Griechen und Römer kannten den Senf als Würzpulver und nutzten ihn z. B. für das Konservieren von Fleisch. Ein aus dem 4. Jahrhundert stammendes Rezept eines Römers namens Paladius erinnert bereits an die heutige Zusammensetzung: Er fügte zur gemahlenen Senfsaat Honig, Olivenöl und Essig. Auch zu Zeiten Karls des Großen wurde Senf angebaut. Heimisch wurde der Senf etwa im 10. Jahrhundert zuerst in Deutschland und Frankreich, die britische Kochkunst erreichte er im 12. Jahrhundert. Im 13. Jahrhundert kreierten vor allem die Franzosen in der seitdem für ihren Senf bekannten Stadt Dijon neue Senfmixturen. Die Dijoner Spezialität bestand darin, Senf nicht mit Essig, sondern mit dem Saft unreifer Trauben oder mit Most anzusetzen. Daher stammt der Name - lat. mustum ardens - brennender Most. Daraus entstanden das französische Wort für Senf »Moutarde«, das engl. »Mustard« und schließlich auch unser »Mostrich« bzw. »Mostert«.

SENF-HERSTELLUNG UND TIPS

In der historischen Senfmühle Monschau mischt der Senfmüller Guido Breuer nach überlieferten und eigenen Rezepten seinen Moutarde de Montjoie - den Monschauer Senf. Er bezieht die milde, gelbe und die scharfe, braune Senfsaat aus Kanada und Schweden. Die Herstellung von Senf erfolgt in mehreren Arbeitsgängen. Das Senfmehl wird mit Essig, Kochsalz und einer für den Moutarde de Montjoie in der Familie überlieferten Gewürz-Kombination im Maischbottich angerührt und vermischt. Wie das »Bukett« beim Wein, beginnt sich in

Einfüllen des Senfmehls in den Maischbottich

diesem Stadium das charakteristische Aroma der jeweiligen Senfsorte zu entwickeln. Die langsamlaufende historische Senfmühle gewährleistet den Erhalt dieses Aromas. Um eine gleichmäßige, intensive und dauerhafte Verbindung aller Bestandteile zu erreichen, ist eine Naßvermahlung zwischen den zwei schweren, schwarzen Basalt-Lava-Steinen notwendig. Nach zwei Mahlgängen ist der Moutarde de Montjoie - der Monschauer Senf - entsprechend grobkörnig, so daß die Inhaltsstoffe noch zu erkennen sind. In geeigneten Lagerbehältern kann der Moutarde de Montjoie endgültig reifen.

Erste Probe am Mühlstein

Der Vielfalt der Senfsorten sind keine Grenzen gesetzt:

Moutarde de Montjoie
URREZEPT
Der klassische Senf unter unseren verschiedenen Geschmacksrichtungen. Er paßt zu fast allen Speisen, zu kalter oder warmer Küche, das Ur-Rezept ist ein echter kulinarischer Genuß.

ESTRAGON
Natur, oder als Estragonsenf-Sauce verwendet, ist ideal zu weißem Fleisch, wie Kalb und Geflügel. Als zusätzliche Verfeinerung einer Estragon-Béarnaise - ein wahres Gedicht.

KNOBLAUCH
Die beliebte mediterrane Senf-Variante - geschmacksbetont, zum Würzen von Salat-Dressings. Besonders bei Lamm- und Hammelfleisch zu empfehlen. Da eröffnet sich erst die ganze Geschmacksvielfalt dieser Speisen.

CHILI
Für feurige Fleisch- Teufels- und Gemüsesalate (mit Paprika oder Peperoni).

GRÜNER PFEFFER
Als Dressing-Basis für feurige Fleisch- und Gemüsesalate ebenso wie angemachte »Creme double« bei Champignonsalat. Besonders beliebt zu allem Gegrilltem, vom Hamburger bis zu Fisch und Fleisch. Prägnanter Geschmack - nicht Schärfe - ist seine charakteristische Würznote.

ALTDEUTSCH
Ein süßer, rustikaler Senf, beliebt zu Brat- und Weißwurst, zu kaltem Braten und scharfem Käse. Er ist ein absolutes Standardgewürz bei vielen Wildgerichten und dem rheinischen Sauerbraten.

MEERRETTICH
Kartoffel- und Fischsalate sind seine Würz-Domaine, hier gibt er die besondere Note. Doch seine milde Schärfe paßt auch gut zu geräucherten Fischen. Vor allem als Sauce zum Spargel oder klassisch zum Tafelspitz Monschauer Art, entdeckt man die sehr raffinierte süß-scharfe Würzkombination dieses eleganten Senfs.

ENGL. CURRY
In leichten, hellen Cremesaucen mit Ananas, Mandeln und Kokosmilch verfeinert, zu weißem Fleisch, Geflügel und Fisch, bringt die Curry-Mischung einen speziellen Hauch von tropischen Geschmacksversprechen.

SCHLESISCHE ART MIT KÜMMEL
Ein Basis-Senf mit Kümmel abgeschmeckt. Aufgrund seiner guten Bekömmlichkeit, empfiehlt er sich zu deftigen Wurst- und Käsesorten, zu Kohl- und Sauerkraut-Gerichten. Die Kümmelnote macht auch fette Speisen leicht verträglich.

LIMONE
Eine charaktervolle, herbzarte Mischung für die feine Küche. Ob als ungewöhnliche Geschmacksnote einer Senf-Mayonnaise und angemachten Salaten oder zu warmen Saucen für Fisch, das Limonen-Aroma gibt die besondere Note. Auch alle panierten Speisen, ob Fisch oder Fleisch, verfeinert dieser fruchtige Limonen-Senf.

ORANGE
Die delikate Komposition - zu feinem Geflügel und zu Marinaden gemischt mit Früchten. Besonders zur gebratenen Ente ist der herb-fruchtige Orangen-Geschmack ein kulinarisches Erlebnis.

TOMATE
Ein ganz neuer interessanter Geschmack - als Grillbutter zubereitet für alles Kurzgebratene. Zu würzigen Speisen und als spezieller Saucen-Zusatz zu Rinderbraten und Ragout.

Mit meinem Kochbuch »Moutarde de Montjoie - Lecker kochen mit Senf«, möchte ich Sie ein Stück durch Ihre Küche begleiten.

Guten Appetit und wohl bekomm's

Ihr Senfmüller

Kalte Saucen

Monschauer Senf-Vinaigrette

zum Anmachen von Blattsalaten, Tomaten oder feingeschnittenem Endiviensalat.

Zutaten für 4 - 6 Personen

3 EL	**Moutarde de Montjoie URREZEPT**
1 EL	**Weinessig**
4 EL	**Öl**
0.1 ltr.	**Weißwein**
1	**Zwiebel**
2	**hartgekochte Eier**
1 EL	**gehackte Petersilie**
	Salz, Pfeffer aus der Mühle und eine Prise Zucker

Zubereitung

Moutarde de Montjoie URREZEPT, Essig, Wein, Salz und Pfeffer werden mit dem Schneebesen verrührt, anschließend langsam aber stetig das Öl zugießen und 1 Minute lang schlagen. Petersilie unterziehen. Nach Belieben mit frischen, feingehackten Kräutern verfeinern. Die gehackten Eier und feingewürfelten Zwiebel hinzufügen und nach Bedarf abschmecken.

Senfmüller's Spezialdressing

paßt zu kalten Fleischtomaten, Frisée, Endiviensalat, zum Stippen bei Artischocken, blanchiertem Staudensellerie und Möhren.

Zutaten für 4 - 6 Personen

3 EL	**Moutarde de Montjoie KNOBLAUCH**
0.3 ltr.	**Öl**
1 Bund	**Petersilie oder Kresse**
1 EL	**Kräuteressig**
	Zucker, Salz und Pfeffer aus der Mühle.

Zubereitung

Moutarde de Montjoie KNOBLAUCH mit je einer Prise Zucker, Salz und Pfeffer aus der Mühle und dem Kräuteressig verrühren. Langsam das Öl unterschlagen. Petersilie, Kresse oder andere Kräuter je nach Geschmack zufügen.

Joghurt-Senf-Sauce

paßt zu kaltem Braten, Fisch, Meeresfrüchten und für schnelle Salate.

Zutaten für 2 Personen

3 EL	**Moutarde de Montjoie ALLE SORTEN MÖGLICH**
3 EL	**Weinessig**
	etwas Zucker
3 EL	**Joghurt**
1 EL	**gehackter Dill**
	Salz, Pfeffer aus der Mühle

Zubereitung

Den Moutarde de Montjoie mit dem Weinessig verrühren und mit den Gewürzen abschmecken und zum Schluß mit dem gehackten Dill verrühren.

Monschauer Salat-Sauce

paßt zu allen Blattsalaten

Zutaten für ca. 1 Liter Vorratsflasche

0.6 ltr.	Olivenöl
0.3 ltr.	Weinessig
	Salz und Pfeffer aus der Mühle
2 EL	Moutarde de Montjoie ESTRAGON
2	mittelgroße Zwiebeln
2	Knoblauchzehen und frisch gehacktes Estragonkraut

Zubereitung

Den Moutarde de Montjoie ESTRAGON mit dem Salz und Weinessig anrühren, die gehackten Zwiebeln und Knoblauchzehen zufügen und das Olivenöl langsam aber stetig zugießen und 1 Minute lang mit dem Schneebesen schlagen. Abschmecken mit Pfeffer aus der Mühle, eventuell eine Prise Zucker und Estragonkraut zugeben. Die Salatsauce in eine Flasche abfüllen. Vor Gebrauch jeweils tüchtig schütteln.
Je nach Geschmack eignen sich alle Sorten Moutarde de Montjoie.

Limonen-Senf-Vinaigrette

paßt zu feinen Vorspeisen wie geräucherter Forelle, Räucherlachs und zum Anmachen von Fischcocktails oder Tintenfischsalaten.

Zutaten für 4 Personen

3 EL	Moutarde de Montjoie LIMONE
2 EL	Weißwein oder Bouillon (auch Instant)
1 EL	Weinessig
3 EL	Salatöl
	Salz, Pfeffer aus der Mühle, eine Prise Zucker
	Petersilie oder einen Dillzweig

Zubereitung

Moutarde de Montjoie LIMONE, Wein / Bouillon und das Öl miteinander verrühren. Abschmecken mit einer Prise Zucker, Salz und Pfeffer aus der Mühle.

Quark-Senf-Sauce

paßt zu Grilladen zum Dippen und Stippen.

Zutaten

250 g	Sahnequark 40%
1-2 EL	Moutarde de Montjoie ALLE SORTEN MÖGLICH
	Salz, Pfeffer aus der Mühle

Zubereitung

Den Sahnequark mit dem Moutarde de Montjoie, einer Prise Salz und etwas frisch gemahlenem Pfeffer glattrühren.

Kalte Saucen

Weiss
Öl
Essig
Moutarde de Montjoie

Cumberland-Sauce Spezial

paßt zu kaltem Wild, Geflügel, Pasteten, Roastbeef und Fondue

Zutaten für 4 Personen

125 g	Johannisbeergelee
1 EL	Moutarde de Montjoie CHILI
1	Messerspitze Ingwer
2 TL	Meerrettich
1	unbehandelte Orange und Zitrone
1/8 ltr.	Rot- oder Portwein
	Cayennepfeffer

Zubereitung

Orangen- und Zitronenschale hauchdünn abschneiden und in feinste Streifen schneiden. Anschließend kurz in heißem Wasser blanchieren. Orange auspressen und den Saft mit dem Ingwer, Meerrettich, Rot- oder auch Portwein und den Orangen- und Zitronenstreifen mischen. Johannisbeergelee im Wasserbad auflösen. Moutarde de Montjoie CHILI und die Saftmixtur ins Gelee einrühren. Mit Cayennepfeffer abschmecken und erkalten lassen.

Mutter's Rhabarber-Chutney

paßt gut zu kaltem Geflügel und Pasteten.

Zutaten für 3 Gläser à 250 g

750 g	Rhabarber
2	mittlere Zwiebeln
3 EL	Öl
4 TL	Senfkörner
1/2 TL	Moutarde de Montjoie URREZEPT
1 EL	Ingwer
2 TL	Zucker
5 EL	Weinessig
0,1 ltr.	Cassis (Johannisbeerlikör)

Zubereitung

Die gehackten Zwiebeln in Öl glasig dünsten und anschließend mit Weinessig und Cassislikör ablöschen. Moutarde de Montjoie URREZEPT, Senfkörner, Ingwer, Zucker und den in Stücke geschnittenen Rhabarber hinzufügen. Das ganze ca. 10 Minuten köcheln lassen. Leicht abgekühlt in Gläser füllen und gut verschließen.

Chutney

Oma's Heringssalat

Zutaten für 8 Personen

8	Salzheringe
300 g	mageres gebratenes Schweinefleisch
4	große gekochte rote Beete
2	Zwiebeln
4	Essiggurken
2	Boskopäpfel
150 g	Haselnüsse

Zutaten für die Salat-Sauce

1	Becher Joghurt
4 EL	Mayonnaise
2 EL	Moutarde de Montjoie KNOBLAUCH
2 EL	Estragonessig
	Salz, Pfeffer
2	Bund Petersilie
	Zitronenmelisse

Zubereitung

Die entwässerten entgräteten Salzheringe in kleine Stücke schneiden. Fleisch, rote Beete, Äpfel und Essiggurken würfeln. Zwiebeln und Haselnüsse kleinhacken.
Für die Sauce: Joghurt, Mayonnaise, Moutarde de Montjoie KNOBLAUCH und Estragonessig verrühren und mit den anderen Zutaten mischen. Mit Petersilie und Zitronenmelissenblättern garnieren.

Eifeler Kürbissalat

Zutaten für 4 Personen

200 g	gebratenes Hähnchenfleisch
100 g	Krabben
200 g	Kürbisstücke eingelegt
100 g	Champignons
2	Scheiben Ananas
1/2	Grapefruit
1	Dose Mandarinenfilets
1	Sternfrucht

Zutaten für die Salat-Sauce

150 g	Crème fraîche
4 EL	Essig
1 EL	Moutarde de Montjoie CURRY
1	Messerspitze Ingwerpulver
1 EL	Brombeergelee
	Salz und Pfeffer
1/8 ltr.	geschlagene Sahne
1 Bund	Dill

Zubereitung

Die gewürfelten Hähnchenteile mit den Krabben und den gut abgetropften Kürbisstücken in eine Schüssel geben. Die Champignons putzen und in Scheiben schneiden. Ananas und Grapefruitsegmente kleinschneiden und die Mandarinenfilets abtropfen lassen. Alles vorsichtig vermischen.
Crème fraîche und Essig mit dem Moutarde de Montjoie CURRY verrühren und schaumig schlagen. Mit Salz, Pfeffer, Ingwerpulver und Brombeergelee abschmecken und die Sahne unterziehen. Die Salat-Sauce über den Salat geben und mit Dill und Sternfrucht garnieren.

Guido's Wintersalat

Zutaten für 4 Personen

1	Endiviensalat
4	Stangen Staudensellerie
1	grüne Paprikaschote
1	rote Paprikaschote
1/2	Bund Petersilie
1	kleine Dose Maiskörner

Zutaten für die Salat-Sauce

1 TL	Gemüsebrühe (Instant)
1	Knoblauchzehe
2 EL	Weißweinessig
1 TL	Balsamicoessig
1 EL	Moutarde de Montjoie CHILI
1	Messerspitze Koriander
3 EL	Öl
	weißer Pfeffer aus der Mühle

Zubereitung

Salat putzen, waschen und in Streifen schneiden. Selleriestange in kleine Stücke schneiden, Paprika würfeln, Petersilie hacken, die Maiskörner zugeben und alles mischen.
Für die Sauce:
Ein wenig Wasser mit Gemüsebrühe und gepreßtem Knoblauch aufkochen. Abkühlen lassen und mit zweierlei Essig, Pfeffer, Koriander, Öl und Moutarde de Montjoie CHILI verrühren. Unter den Salat heben und ziehen lassen.

Moutarde
de Montjoie

Ardenner Salat

Zutaten für 8-10 Personen

500 g	gekochtes Rindfleisch
500 g	gekochter Schinken ohne Fettrand
3	Stangen Lauch
3	Karotten
1	große Zwiebel
1	großer Rettich
1	Sellerieknolle
3	Äpfel
200 g	Parmesan frisch geraspelt

Zutaten für die Salat-Sauce

4 TL	Moutarde de Montjoie MEERRETTICH
5	Eigelb
2 TL	Essig
250 ml	Öl
250 ml	saure Sahne
1 Bund	Schnittlauch
1/2 TL	weißer Pfeffer
	Salz
3 TL	Meerrettich
	den Saft einer Zitrone
2 cl	Cognac

Zubereitung

Das Gemüse putzen und bißfest garen. Anschließend in schmale Scheiben schneiden. Rindfleisch, gekochter Schinken in feine Streifen schneiden. Den feingehobelten Rettich, die geschälten, kleingeschnittenen Äpfel, mit den Zwiebelringen in einer Salatschüssel vorsichtig mischen und den geraspelten Parmesan unterheben.
Für die Salatsauce den Moutarde de Montjoie MEERRETTICH in eine Schüssel geben und mit einem Schneebesen die Eigelbe und den Essig glattrühren. Die saure Sahne langsam und das Öl tropfenweise einrühren. Die Hälfte des feingeschnittenen Schnittlauchs beifügen. Mit Meerrettich, Pfeffer, Salz, Zitronensaft und Cognac abschmecken. Die Sauce über den Salat geben, leicht unterheben und bei Zimmertemperatur 1 Stunde ziehen lassen. Zum Anrichten mit dem restlichen Schnittlauch garnieren.

Avocadosalat

Zutaten für 4 Personen

100 g	Champignons
1	Zwiebel
2	Tomaten
1/2	Grapefruit
1	kl. Dose Mandarinenfilets
1	Scheibe Ananas
100 g	gekochten Schinken
100 g	Krabben
2	Avocados
	Saft einer Zitrone
1 EL	Petersilie
1 EL	Schnittlauch

Zutaten für die Salat-Sauce

1 EL	Moutarde de Montjoie ESTRAGON
1 EL	Tomatenmark
0.1 ltr.	Weißwein
6 EL	Crème fraîche
3 EL	Weinessig
	Salz, Pfeffer, Zucker

Zubereitung

Die Champignons in Scheiben und den Schinken in Streifen schneiden. Die Zwiebeln hacken und die geschälten und entkernten Tomaten würfeln, die abgetropften Mandarinenfilets, die kleingeschnittenen Grapefruitsegmente, Ananas und Krabben vorbereiten. Avocados längs halbieren, vom Kern abdrehen, mit einem Suppenlöffel das Fruchtfleisch aus der Schale heben. In nicht zu feine Scheiben schneiden, sofort mit Zitronensaft beträufeln und in den vorbereiteten Salat unterheben und mit der Salat-Sauce vermischen.
Für die Salat-Sauce den Moutarde de Montjoie ESTRAGON mit dem Weißwein, Tomatenmark, der Crème fraîche und dem Weinessig verrühren. Mit Salz, Pfeffer und einer Prise Zucker abschmecken. Mit frischen Kräutern ausgarnieren.

Warme Saucen

Orangen-Senf-Béchamel

paßt zu Hühnerbrust, Hühnerragout, und Puterfleisch

Zutaten für 6 - 8 Personen

3 EL	Moutarde de Montjoie ORANGE
60 g	Butter
80 g	Mehl 405
0.5 ltr.	Milch
0.5 ltr.	Geflügelfond (auch Instant)
0.1 ltr.	Weißwein
	Muskat, Salz und Pfeffer aus der Mühle
2	Orangen oder
1	kl. Dose Mandarinen

Zubereitung

Die Butter erwärmen, das Mehl darin schwitzen, ohne daß es dunkelfärbt. In die abgekühlte Mehlschwitze die Milch und den Geflügelfond einrühren, aufkochen lassen und mit Salz und Pfeffer aus der Mühle abschmecken. Nun wird der Weißwein und etwas Muskatnuß zugegeben. Vor dem Anrichten den Moutarde de Montjoie ORANGE und einige Orangenspalten oder Mandarinen zugeben.

Orangen-Senf-Sauce

paßt zu Puter, Huhn, Kalb, Braten, Steaks, Geschnetzeltem und Ragouts.

Zutaten für 4 Personen

5 EL	Moutarde de Montjoie ORANGE
1 EL	Butter
1/8 ltr.	Milch
1/2 TL	Instant Fleischextrakt
1	Prise Zucker
	Orangenspalten von 2 Orangen
5 cl	Martini oder Sherry
	weißer Saucenbinder

Zubereitung

Alle Zutaten, außer Saucenbinder, in einen passenden Topf geben, mit dem Schneebesen gut verrühren und aufkochen. Beliebig mit Saucenbinder abbinden. Statt Milch kann auch Fleisch- oder Geflügelfond, Bouillon oder Gemüsebrühe genommen werden.

Limonen-Senf-Cremesauce

paßt zu allen Fischarten, Geflügel und weißem Fleisch gekocht oder gebraten.

Zutaten für 2 - 4 Personen

2 EL	Moutarde de Montjoie LIMONE
200 g	Crème fraîche
2	Schalotten oder 1 kl. Zwiebel
1 EL	Butter
0.1 ltr.	Weißwein oder Fond

Zubereitung

Direkt in der Pfanne zubereiten. Fisch oder Fleisch aus der Pfanne nehmen, das Fett abschütten. Die kleingehackten Schalotten oder Zwiebel in der Butter glasig dünsten, mit 0.1 ltr. Weißwein ablöschen und kurz vom Herd nehmen. Moutarde de Montjoie LIMONE und Crème fraîche hinzugeben und auf dem Herd bei schwacher Hitze verrühren. Salzen und pfeffern nach Belieben.

Butter

Kräuter-Mayonnaise

wird zu kaltem Lachs, gekochtem Fisch, Fischpasteten, Langusten oder zu hartgekochten Eiern gereicht.

Zutaten für 4 Personen

2 EL	Moutarde de Montjoie ESTRAGON
250 ml	Mayonnaise
1 EL	Kresseblätter
	etwas Kerbel, Estragon und Petersilie
1	Prise Zucker
	etwas Zitronensaft

Zubereitung

Mayonnaise mit Moutarde de Montjoie ESTRAGON anrühren. Anschließend die frischgehackten Kräuter unter die Mayonnaise heben. Abschmecken mit Zitronensaft und einer Prise Zucker.

Knoblauch-Mayonnaise

paßt zu Salm, kalten Muscheln oder Scampi

Zutaten für 4 Personen

250 ml	Mayonnaise
3 EL	Moutarde de Montjoie KNOBLAUCH
	Salz, Pfeffer aus der Mühle
	Prise Zucker

Zubereitung

Mayonnaise mit Moutarde de Montjoie KNOBLAUCH, Salz, Pfeffer aus der Mühle und einer Prise Zucker aufschlagen.

Monschauer Senfbutter

Zutaten

250 g	Butter
2-3 EL	Moutarde de Montjoie ALLE SORTEN MÖGLICH

Zubereitung

Nicht zu kalte Butter, vermengt mit Moutarde de Montjoie in eine Alufolie einrollen und im Kühlschrank aufbewahren. Nach Bedarf in Scheiben abschneiden und wie folgt verwenden:

- für Fisch- und Geflügelgerichte mit Moutarde de Montjoie CURRY, LIMONE, ORANGE, MEERRETTICH
- für Steaks, Spieße und Grilladen mit Moutarde de Montjoie UR-REZEPT, ESTRAGON, CHILI, PFEFFER, TOMATE, KNOBLAUCH, MEERRETTICH
- zu Wildsteaks und Wildbraten mit Moutarde de Montjoie ALTDEUTSCHE ART, ORANGE
- zu Putensteaks, Schweinekotelettes und Schweinebraten mit Moutarde de Montjoie SCHLESISCHE ART, ORANGE, CHILI, CURRY

Mayonnaise

Suppen

Eifeler Kartoffelsuppe

Zutaten für 6 Personen

2,5 kg	Kartoffeln
200 g	magerer, geräucherter Speck
4	Zwiebeln
1 EL	Butterschmalz
1.0 ltr.	Fleischbrühe (auch Instant)
0.5 ltr.	Milch
	Salz, Pfeffer aus der Mühle
	geriebene Muskatnuß, Majoran
1	Stange Porree
2	Lorbeerblätter
2	Knoblauchzehen
1	Bund Petersilie
3 EL.	Moutarde de Montjoie KNOBLAUCH
6	Würstchen oder ein Kranz Lyoner Wurst gewürfelt

Zubereitung

Speckwürfel in Butterschmalz anschwitzen, gehackte Zwiebeln, Lauchscheiben und fein gehackten Knoblauch kurz mitschwitzen, die grob gewürfelten Kartoffeln beifügen, mit heißer Brühe u. Milch auffüllen, salzen, pfeffern und ca. 30 min. weichkochen. Abschmecken mit Moutarde de Montjoie KNOBLAUCH, Muskatnuß und Majoran. Diese Suppe kann auch gequirlt und passiert werden. Eventuell dann noch mit etwas Flüssigkeit sämiger machen. Als Einlage dienen in der Pfanne und in Knoblauchbutter geröstete Brotcroûtons, Würstchen oder gewürfelte Lyoner Wurst.

Lauchsuppe

Zutaten für 8 - 10 Personen

4	dicke Lauchstangen
500 g	mehlige Kartoffeln
2 EL	Moutarde de Montjoie KNOBLAUCH
3 EL	Butter
3 EL	Crème fraîche
1	Bund Kerbel
1.5 ltr.	Bouillon
	Salz, Pfeffer aus der Mühle
	etwas gemahlener Muskat

Zubereitung

Die Lauchstangen putzen, in Ringe schneiden und waschen. Im Topf die Butter erhitzen, Lauch dazugeben, glasig dünsten und salzen. Anschließend die geschälten Kartoffeln scheibenweise zum Lauch geben. Mit der Bouillon auffüllen u. ca. 15 Minuten kochen lassen. Crème fraîche, Muskat, Moutarde de Montjoie KNOBLAUCH und frisch gehackten Kerbel unterrühren.

Gulaschsuppe

Zutaten für 6 Personen

1.2 kg	Gulasch (Rind und Schwein)
6 El	Öl
5	große Zwiebeln, gehackt oder fein gewürfelt,
250 g	Dose geschälte Tomatenwürfel
0.2 ltr.	Rotwein
0.5 ltr.	Fleischbrühe (Instant)
2 EL	Paprika
	Salz, Pfeffer aus der Mühle
3 EL	Moutarde de Montjoie TOMATE
2	klein gewürfelte Kartoffeln
	Mehlbutter, Gemisch aus Butter und Mehl
100 g	Butter
25 g	Mehl

Zubereitung

Das Fleisch in gleichmäßige Würfel schneiden und in heißem Fett scharf anbraten. Die Zwiebel beifügen und alles dämpfen, Salz, Paprika und die Tomatenstücke zugeben. Alles mit Rotwein ablöschen, ein wenig einkochen. Anschließend die nötige Fleischbrühe oder Wasser zusetzen und zugedeckt ca.1 bis 1 1/2 Stunden kochen lassen. 20 Minuten vor Ende der Garzeit die Kartoffeln im Gulasch mitkochen. Eventuell etwas Flüssigkeit und ein wenig Salz zugeben. Würzen mit Moutarde de Montjoie TOMATE und anschließend mit Mehlbutter andicken.

Moutarde
de Montjoie
&

Montjoi'er Ursenf-Samtsüppchen

Zutaten für 4 - 6 Personen

4 EL	Moutarde de Montjoie URREZEPT
3 EL	Butter
2 EL	Mehl oder Kartoffelmehl
0.25 ltr.	Milch
0.75 ltr.	Kraftbrühe (ersatzweise gekörnte Brühe)
125 g	süße Sahne
1	Eigelb
4	kleine Zwiebeln
2	Knoblauchzehen
0.2 ltr.	Weißwein
	einige Senfkörner
	Salz und Pfeffer

Zubereitung

Feingewürfelte kleine Zwiebel und fein gehackter Knoblauch in der Butter leicht anschwitzen, die nötige Menge Mehl darüber stäuben, ein wenig mitschwitzen lassen, die kochende Bouillon und die Milch dazurühren, ca. 20 Minuten köcheln und mit dem Wein abschmecken. Die süße Sahne mit dem Eigelb verquirlen und in die nicht mehr köchelnde Suppe einrühren. Je nach Geschmack 4 EL Moutarde de Montjoie URREZEPT unterheben. Nicht mehr kochen lassen. Nach dem Anrichten etwas steife Sahne auf die Suppe geben und mit den Senfkörnern bestreuen.

Sauerkraut-Senfsuppe

Zutaten für 6 Personen

300 g	Sauerkraut
1	Zwiebel
2 EL	Schweineschmalz
2	Wacholderbeeren
1.0 ltr.	Fleischbrühe (auch Instant)
1	geschälte, rohe Kartoffel
100 ml	Sekt oder Wein
125 g	saure Sahne
2 EL	Moutarde de Montjoie KÜMMEL
1	Lorbeerblatt
	Salz, Pfeffer aus der Mühle

Zubereitung

Die gewürfelte Zwiebel in Schweineschmalz kurz andünsten, das feingeschnittene Sauerkraut und die Gewürze hinzugeben, mit der Fleischbrühe auffüllen und bei schwacher Hitze das Sauerkraut 20 Minuten garen. Danach geriebene Kartoffel in die Suppe geben, nochmals kräftig durchkochen. Der Sauerkrautsuppe ca. 100 ml Sekt oder Wein zufügen. Abschmecken mit der Sahne und Moutarde de Montjoie KÜMMEL.

Kaiser-Karl-Suppe

Zutaten für 10 Personen

60 g	Butter
180 g	Mehl
1.4 ltr.	Hühnerbrühe
0.2 ltr.	Riesling
1/4 ltr.	Sahne
3 EL	Moutarde de Montjoie ALTDEUTSCH oder URREZEPT
100 g	Karotten
100 g	Sellerie
100 g	Kohlrabi
je 1 EL	Petersilie, Dill und Koriander Kerbel, Majoran und Schnittlauch
	Würfel-Gemüse
1	Knoblauchzehe
	Saft einer halben Zitrone

Zubereitung

Butter und Mehl ergeben die Schwitze, mit der Hühnerbrühe und dem Riesling auffüllen und 5 Minuten kochen lassen. Mit der Sahne und dem Moutarde de Montjoie URREZEPT oder ALTDEUTSCH abschmecken.
Je 100 g Karotten, Sellerie und Kohlrabi in Würfeln dünsten. Dazu die feingehackten Gewürze; je 1 EL Petersilie, Dill, Koreander, Kerbel, Majoran, Schnittlauch. Gemüse, Gewürze, die Knoblauchzehe und den Saft einer halben Zitrone nun der Suppe beifügen.

Suppen

Fisch

Zanderfilet in Estragon-Sauce

Zutaten für 4 Personen

4	Zanderfilets
180 g	Mehl zum Wenden
2 EL	Butterschmalz
1/8 ltr.	Fischfond (fertig von Lacroix)
3 EL	Moutarde de Montjoie ESTRAGON
1/8 ltr.	Sahne
	Salz, Pfeffer aus der Mühle

Zubereitung

Die Zanderfilets kalt abspülen, mit Salz und Pfeffer würzen und in Mehl wenden. Die Filets in einer Pfanne mit heißem Butterschmalz, beiderseits je 2 Minuten braten. Erst die mit Haut bezogenen Seite anbraten, sonst wellt sich das Fischfilet. Nach dem Braten herausnehmen und warmstellen. Den Fischfond in das Bratenfett geben, Moutarde de Montjoie ESTRAGON und Sahne hinzufügen und kurz aufkochen lassen. Die Zanderfilets auf den Tellern anrichten und mit Estragon-Senfsauce überziehen.

Scheiben von rohem Lachs mit Senfkörner-Sauce

Zutaten für 4 Personen

500 g	Graved Lachs
5	große Champignons
6 EL	süße Sahne
1	Eigelb
3 TL	Moutarde de Montjoie LIMONE
1 TL	Senfkörner
2	Zitronen
8 EL	Olivenöl, extra virgine
	etwas Kerbel, Salz, weißer Pfeffer aus der Mühle

Zubereitung

Das Eigelb mit dem Saft einer Zitrone und dem Moutarde de Montjoie LIMONE vermischen, mit etwas Salz und Pfeffer abschmecken. Das Olivenöl in einem dünnen Strahl hineinlaufen lassen, und dabei ständig mit dem Schneebesen schlagen, bis die Konsistenz einer Mayonnaise entstanden ist. Danach den Rest vom Moutarde de Montjoie LIMONE mit den Senfkörnern und die nicht ganz steif geschlagene kalte süße Sahne hineinrühren. Eventuell nach Bedarf nochmals abschmecken. Den Lachs schräg in sehr dünne Scheiben schneiden und auf die gut gekühlten Teller dekorativ verteilen. Etwas salzen und pfeffern. Die Champignons putzen und in dicke Scheiben schneiden, mit Zitronensaft beträufeln und leicht salzen und pfeffern. Jeweils eine kleine Menge davon auf die Lachsteller verteilen, die Senfcreme auf die Lachsscheiben geben und mit den Kerbelblättern garniert und zu geröstetem Weißbrot mit Butter servieren.

Hummer in Moutarde de Montjoie LIMONE

Zutaten für 2 Personen

800 g	Hummer
100 g	Sellerie
2	Schalotten
2	kl. Möhren
1	Porree (nur das weiße)
20 cl	Weißwein trocken
50 cl	Hummersud
20 cl	dicke Sahne
1 EL	Moutarde de Montjoie LIMONE
1 BD	Petersilie gehackt

Zubereitung

Großer Kessel 3/4 mit Wasser füllen und stark kochen lassen. Dann lebenden Hummer zugeben. Nach 15-18 Minuten herausnehmen und in kaltes Wasser legen. Sollte der Hummersud für Suppe oder Sauce benötigt werden, wird das Wasser mit Paprika und Salz abgeschmeckt. Anschließend die Zangen brechen (mit dem Messer anschlagen), den Hummer halbieren und die Sandtaschen entfernen. Den Rogen mit der Sahne in einen Behälter zum Pürieren geben. Dann den Hummer in ein Steingutgefäß in den 150 Grad warmen Backofen stellen. Einen guten Stich Butter in eine Pfanne geben, Schalotten gehackt, leicht anbraten, das Gemüse dazu geben, mit Wein und Hummersud löschen. Zu einem Drittel einkochen, den Moutarde de Montjoie LIMONE dazugeben, den mit Sahne gemixten Rogen zugeben und leicht einkochen lassen. Die Sauce zum Hummer extra reichen.

Garnelen-Spießchen

Zutaten für 4 Personen

12	Riesengarnelen, roh und ausgelöst
6	Champignonköpfe
2	mittelgroße Zucchini

Zutaten für die Marinade

2 EL	Sojasauce
2 EL	Olivenöl
	Saft einer Zitrone
4 EL	Moutarde de Montjoie URREZEPT
2	Knoblauchzehen zerdrückt
	Pfeffer aus der Mühle

Zubereitung

Die Marinaden-Zutaten gut miteinander vermischen und die ausgelösten Garnelen mehrere Stunden im Kühlschrank darin durchziehen lassen. Je drei Garnelen, zwei Champignonköpfe, zwei 3 cm breit geschnittene Zucchinischeiben abwechselnd auf 4 Spieße ziehen. Champignons und Zucchini kurz mit Olivenöl bepinseln. Im vorgeheizten Backofen bei 220 Grad Oberhitze oder auf dem Grill 8-10 Minuten garen. Die fertigen Spieße auf eine vorgewärmte Platte legen und mit knusprigem Baguette heiß servieren.

Meeresfrüchte

Moutarde de
Montjoie

Fisch

Eifeler Pfeffer-Forelle

Zutaten für 4 Personen

4	Forellen
1	unbehandelte Zitrone
2 EL	Butter
	Salz und Pfeffer aus der Mühle
500 g	süße Sahne
1	Spritzer Worcester-Sauce
4 EL	Moutarde de Montjoie GRÜNER PFEFFER

Zubereitung

Die Forellen waschen und trockentupfen. Von innen salzen und pfeffern und je mit 1 EL Moutarde de Montjoie GRÜNER PFEFFER füllen. In gebutterte Folie packen und im Bräter bei 200 Grad im Backofen ca. 20-30 Minuten garen.

Für die Sauce: Die Sahne auf 2/3 einkochen lassen und abschmecken mit Salz und Pfeffer aus der Mühle, Zitronensaft und Worcester-Sauce. Die Sauce separat zum Fisch reichen.

Matjes in süßer Senfsauce

Zutaten für 8 Personen

12	Matjesheringe
	Salz
8 EL	Moutarde de Montjoie URREZEPT
6 EL	Moutarde de Montjoie ALTDEUTSCH
120 g	Rohrzucker
4 EL	Weißweinessig
1.0 ltr.	Öl
2	Bund Dill

Zubereitung

Für die Sauce beide Sorten Moutarde de Montjoie mit Rohrzucker, 2 TL Salz und Essig im Mixer cremig aufschlagen. Das Öl erst tropfenweise dann teelöffelweise unterschlagen, bis die Sauce cremig wird. 2 Dillstiele beiseite legen, den Rest Dill hacken und unter die Sauce ziehen. Eine Glasform am Boden mit Sauce bestreichen, immer abwechselnd mit Matjes und Sauce beschichten. Die oberste Schicht soll Sauce sein. Über Nacht einziehen lassen und kaltstellen. Mit Dill garnieren.

Forellenklößchen in Orangen-Senf-Sauce

Zutaten für 4 Personen

600 g	Forellenfilets
2	Eier
1/4 ltr.	Crème fraîche
500 g	grüner Spargel
1/2	Zitrone
	die Schale einer unbehandelten Orange
	einige Dillsträußchen
	Salz, Pfeffer aus der Mühle

Zutaten für die Sauce

100 ml	Fischfond
	Saft einer Orange
300 g	süße Sahne
20 ml	trockenen, säurebetonten Weißwein
1 TL	Moutarde de Montjoie ORANGE
	Salz, und schwarzer Pfeffer aus der Mühle

Zubereitung

Die Forellenfilets entweder mit dem Messer sehr fein hacken oder in der Moulinette zerkleinern. In eine Schüssel umfüllen, die Eier hinzufügen und die Schüssel auf Eis stellen. (Gefrierfach Kühlschrank). Wenn die Masse gut durchgekühlt ist, geben wir die Crème fraîche hinzu. Danach die Masse durch ein Sieb streichen, um die Gräten auszusondern. Mit Salz und Pfeffer würzen. Dann die abgeriebene Orangenschale unterheben und alles kaltstellen. Den grünen Spargel schälen, nur im unteren Drittel. Salzwasser mit ein wenig Zitronensaft oder Weißwein aufkochen und den Spargel einlegen. Nach 10 Minuten (knackig garkochen) herausnehmen, in einem Tuch warmhalten. Den Fischfond zusammen mit Wein und dem Saft einer Orange bis auf die Hälfte reduzieren lassen. Dann die süße Sahne und den Moutarde de Montjoie ORANGE mit verrühren. Etwas einkochen lassen und durch ein Spitzsieb abpassieren. Mit Salz und Pfeffer abschmecken. Das Spargelwasser erneut aufkochen, mit einem Suppenlöffel Klöße aus der kalten Forellenmasse abstechen und in das leise köchelnde Wasser einlegen. Ca. 4 Minuten pochieren und anschließend sorgfältig auf einem Tuch abtropfen lassen. Die Forellenklößchen auf einem Teller verteilen, den Spargel dekorativ daneben anrichten und alles mit der Senfsauce überziehen.

Lamm

Eifeler Kräuter-Lamm

Zutaten für 6 Personen

3 kg	Lammrücken
200 ml	Olivenöl
4	Knoblauchzehen
	Pfeffer aus der Mühle
1 EL	Salz
1 EL	Majoran, Thymian, Rosmarin, Pfefferminz
1	Zitrone
1 EL	Moutarde de Montjoie KNOBLAUCH
5 EL	Paniermehl
4 cl	Weinbrand

Zubereitung

Das Lammfleisch salzen, pfeffern und in eine Kasserolle legen. Das Olivenöl mit den gehackten Knoblauchzehen, den Kräutern und der geriebenen Zitronenschale anrühren, gleichmäßig auf das Fleisch verteilen und über Nacht marinieren. Ein Teil der Kräuter für den Moutarde de Montjoie verwahren. Anderntags den Braten im vorgeheizten Backofen bei 200°C medium 45 Minuten durchbraten. Während der Garzeit mehrmals mit Weißwein oder Bier ablöschen. Den Moutarde de Montjoie KNOBLAUCH mit dem Paniermehl und dem Weinbrand mit dem Rest der Kräuter verrühren. Das Lammfleisch damit 10 Minuten vor dem Garende einstreichen und überbacken. 10 Minuten im ausgeschalteten Backofen ruhen lassen. Das Fleisch in Scheiben schneiden, etwas gut abgeschmeckten Bratensaft auf den Teller geben, das Fleisch darauf anrichten.

Lammkoteletts mit Estragon-Senfsauce

Zutaten für 2 Personen

6	Lammkoteletts
3 EL	Olivenöl
	Salz und Pfeffer aus der Mühle
0.2 cl	Weißwein
2 EL	Butter
3 EL	Moutarde de Montjoie ESTRAGON

Zubereitung

Die Lammkoteletts leicht klopfen und den Fettrand, wenn nötig, mehrmals einschneiden. In einer Pfanne das Öl rauchend heiß werden lassen, die Koteletts darin scharf anbraten, wenden, erst dann auf der gebratenen Seite salzen und pfeffern. Die Koteletts jeweils pro Seite 1 Minute medium oder 2 Minuten durchbraten, anrichten und ruhen lassen. Das überflüssige Fett wegkippen, den Bratensatz mit dem Weißwein ablöschen und aufkochen. Den Moutarde de Montjoie ESTRAGON einrühren und mit dem Schneebesen die eiskalten Butterflocken einarbeiten und auf diese Weise die Sauce binden. Die Sauce mit Salz und Pfeffer aus der Mühle abschmecken, und über die Lammkoteletts geben.

Monschauer Tafelspitz

Zutaten für 4 Personen

1 kg	Rindfleisch aus der Keule grobgeschnittenes Suppengemüse: Porree, Sellerie und Möhren Salz und Pfeffer aus der Mühle
1 EL	Butter
2 TL	Mehl
1/4 ltr.	Fleischbrühe
2 EL	Moutarde de Montjoie MEERRETTICH
1/8 ltr.	süße Sahne
1 EL	Preiselbeeren

Zubereitung

Das Rindfleisch in kochendes Wasser legen, sowie das grob geschnittene Suppengemüse 2.5 - 3 Stunden sieden lassen, bei mittlerer Hitze, damit das Fleisch nicht zäh wird. Nach der Hälfte der Garzeit kommt etwas Salz in den Bouillon, der Topf wird nicht ganz verschlossen.

Zubereitung der Monschauer Senfsauce: die Butter in einen zweiten Topf geben und langsam erhitzen. Anschließend mit Mehl zu einer Mehlschwitze verrühren. Mit kalter Fleischbrühe glattrühren und aufkochen mit dem Moutarde de Montjoie MEERRETTICH, der süßen Sahne und den Preiselbeeren verfeinern und mit Salz und Pfeffer abschmecken. Die Sauce wird nach Fertigstellung warm gestellt. Nach 3stündiger Garzeit das Fleisch aus dem Topf nehmen und das Suppengemüse durch ein Sieb abschütten. Feingeschnittenes frisches Suppengemüse kommt zur Brühe. Alles eine halbe Stunde ziehen lassen. In Scheiben geschnitten wird das Fleisch mit der Monschauer-Senfsauce serviert.

Monschauer Bier-Senfbraten

Zutaten für 4 Personen

1 kg	Roastbeef
4 EL	Fett zum Braten
3	Lorbeerblätter
250 g	Zwiebeln
4 EL	Moutarde de Montjoie ALTDEUTSCH
1 EL	Rübenkraut
1	Tasse dunkles Malzbier
1/4 ltr.	Brühe
	Salz und Pfeffer aus der Mühle
1	Möhre
1	Stange Lauch
	frische Champignons
125 ml	Crème fraîche

Zubereitung

Das Fett erhitzen und das gewürzte Fleisch hinzugeben und von allen Seiten anbraten. Hitze reduzieren, in Scheiben geschnittene Zwiebeln, Lorbeerblätter, Moutarde de Montjoie ALTDEUTSCH, Rübenkraut, Malzbier und Brühe zugeben. Salzen und pfeffern. Zudecken und auf der Herdplatte oder im Backofen bei 175 Grad ca. 30 Minuten garen. 10 Minuten vor Ende der Garzeit in Streifen geschnittene Möhren und Lauch, sowie geschnittene Champignons zugeben. Bei Bedarf noch etwas Brühe angießen. Die Sauce mit Crème fraîche abschmecken und nochmals erhitzen.

Rind

Moutarde de Montjoie

Eifeler Rinderragout pikant

Zutaten für 4 Personen

1.2 kg	Hüfte oder Hüftdeckel
100 g	Bratfett
150 g	Wurzelgemüse-Zwiebel, Karotten, Sellerie und Knoblauch
1 BD	Kräuter: Lauch, Petersilie, Thymian, Lorbeerblatt
3 EL	Mehl
5 EL	Moutarde de Montjoie TOMATE
0.4 ltr.	Rotwein
	Salz und Pfeffer aus der Mühle
1 EL	gekörnte Brühe

Zubereitung

Das Fleisch gleichmäßig in Würfel schneiden. In der Pfanne mit heißem Fett und bei starker Hitze allseitig gut anbraten, würzen und das Wurzelgemüse ohne den Knoblauch etwas mitbraten. Das alles in einen Bräter geben, mit Mehl bestäuben und im Backofen etwas überbräunen lassen. Den Moutarde de Montjoie TOMATE sowie den Knoblauch dazugeben und mit Rotwein ablöschen. Mit dem notwendigen Wasser und der gekörnten Brühe auffüllen, diesen Sud aufkochen, abschmecken und das Ragout zugedeckt im Ofen bei 180 Grad 1 - 1 1/2 Stunden garen lassen.

Monschauer Senfschmorbraten

Zutaten für 4 Personen

1 kg	Rindfleisch (Oberschale oder Nuß)
4 EL	Moutarde de Montjoie TOMATE
2	Zwiebeln
2	Möhren
1 EL	gekörnte Brühe
1 TL	Wacholderbeeren
2	Nelken
1	Lorbeerblatt, Salz und Pfeffer aus der Mühle
0.2 ltr.	Rotwein
2 TL	Speisestärke

Zubereitung

Am Vorabend den Rinderbraten mit dem Moutarde de Montjoie TOMATE einreiben und in einer Schüssel über Nacht im Kühlschrank ziehen lassen. In einem Bräter in heißem Bratfett ringsum braun anbraten. Die Zwiebel und Möhren auch kurz mitanbraten, mit etwas Rotwein ablöschen und mit Wasser auffüllen. Die gekörnte Brühe und die Gewürze beifügen. Den Braten je nach Qualität und Größe ca. 2 Stunden schmoren, dabei gelegentlich wenden und gegebenenfalls Wasser zugießen.

Anschließend den Braten auf eine Platte legen und mit einer Alufolie zugedeckt für 10 Minuten in den Backofen bei 120 Grad geben.

Zubereitung der Sauce: Den Saucenfond abgießen, in einem Kochtopf aufkochen, den restlichen Rotwein mit der Speisestärke verrühren und den Fond damit binden. Mit Moutarde de Montjoie TOMATE, Salz und Pfeffer aus der Mühle und einer Prise Zucker abschmecken. Den Braten aufschneiden und mit heißer Sauce übergießen.

Filetstreifen Stroganoff

Zutaten für 4 Personen

1 kg	Rinderfilet
30 g	Salz, Pfeffer aus der Mühle
60 g	Butter
60 cl	heiße Rinder- oder Kalbsbrühe
1 EL	Tomatenmark
1 EL	Moutarde de Montjoie MEERRETTICH
1	große Zwiebel, feingehackt
4 EL	saure Sahne

Zubereitung

Das Fleisch möglichst 2 Std. vor der Zubereitung vorbereiten. Dem Filet zuerst die silberfarbene Sehne entfernen, in Scheiben und dann in dünne Streifen schneiden. Salzen, pfeffern und stehen lassen. Inzwischen das Mehl in 30 g Butter braun schwitzen und mit nach und nach zugefügter Brühe, Tomatenmark und Moutarde de Montjoie MEERRETTICH glattrühren. Alles aufkochen und durch ein Sieb passieren und stehen lassen. 20 Minuten vor dem Servieren in der restlichen Butter die Zwiebel und das Fleisch unter Wenden 5 Minuten scharf anbraten, wobei nur soviel Fleisch in die Pfanne gegeben werden darf, daß der Boden bedeckt ist. Wenn das Fleisch gar ist, saure Sahne in die Sauce rühren, zusammen mit dem Fleisch und den Zwiebeln in eine Pfanne geben und zudecken.
Danach 10 Minuten bei schwacher Hitze warm halten. Kurz vor dem Servieren wieder erhitzen aber nicht kochen.

Monschauer Senfroulade

Zutaten für 4 Personen

4	Scheiben Roulade
4	Scheiben gekochter Schinken
1	Bund kleine Zwiebeln
2 EL	Moutarde de Montjoie CHILI
1	Suppenbund
1 TL	Pfefferkörner
4	Wacholderbeeren
1	Lorbeerblatt
0.2 ltr.	Rotwein
1 EL	Tomatenmark
	Wasser
	Salz und Pfeffer aus der Mühle

Zubereitung

Rouladen salzen, pfeffern mit Moutarde de Montjoie CHILI bestreichen und mit gekochtem Schinken belegen. Zwiebeln schälen auf Rouladengröße der Länge nach teilen und auf die Roulade und den Schinken legen. Mit einem Spieß verschließen und in Butterschmalz scharf anbraten. Nach dem Anbraten das kleingeschnittene Suppenbund und die restlichen Zutaten beigeben. Mit dem Rotwein ablöschen und mit Wasser aufgießen, so daß die Roulade bedeckt ist. Mindestens 1 Stunde bei geschlossenem Deckel schmoren, danach die Sauce durch ein Sieb passieren und einkochen lassen - die Roulade dabei warm stellen.

Rind

Rind

Weihnachts-Roastbeef gekräutert

Zutaten für 12 Personen

3 kg	Roastbeef mit Fettrand
	Pfeffer aus der Mühle
2 TL	Basilikum
12 EL	Olivenöl
4	Knoblauchzehen
4	Bund Petersilie
2 TL	Majoran
2 EL	Moutarde de Montjoie CHILI
2	Blätter Sellerie
2 TL	Thymian

Zubereitung

Den Fettrand des Roastbeef gitterförmig einschneiden. Knoblauchzehen mit Salz im Mörser zerstampfen oder mit der flachen Messerklinge zerdrücken. Moutarde de Montjoie CHILI, die Kräuter gehackt, falls sie frisch sind, und den Pfeffer zugeben und alles mit dem Öl zu einer Paste verarbeiten. Die Paste in die eingeritzte Oberseite des Roastbeef und auf die Seiten streichen. Im Kühlschrank einen Tag ruhen lassen. Im vorgeheizten Backofen bei 250 Grad das Roastbeef in der geölten Saftpfanne ca. 40 Minuten braten. Im warmen, ausgeschalteten Ofen 15 Minuten ruhen lassen, damit es beim Aufschneiden keinen Saft verliert.

Sauerbraten nach Großmutters Art

Zutaten für 4 Personen

1 kg	Rindfleisch aus der Keule
80 g	Bratfett

Zutaten für die Marinade

1/2 ltr	Wasser
1/4 ltr	Essig
1 TL	Salz
1 EL	Zucker
1	Mohrrübe
2	Zwiebel
2	Nelken
4	Pfefferkörner
2	Wacholderbeeren
1	Lorbeerblatt
1	Pimentkorn
1 EL	Senfkörner

Zutaten für die Sauce

125 g	Rosinen
	Salz und Pfeffer
1/4 ltr	saure Sahne
2	Printen
2 EL	Moutarde de Montjoie ALTDEUTSCH

Zubereitung

Die Zutaten der Marinade aufkochen und abkühlen lassen anschließend über das Fleisch gießen. 8 Tage im Steintopf marinieren und wenden. Das Fleisch abtropfen, abtrocknen, danach im Bratfett anbraten und 1,5-2 Stunden schmoren lassen. Die eingeweichten Rosinen die letzten 15 Minuten vor Abbinden der Sauce mit den Printen, der Sahne und dem Moutarde de Montjoie ALTDEUTSCH in den Fond geben. Mit Salz und Pfeffer abschmecken.

Schwein

Zwiebelkotelett mit Senfcreme

Zutaten für 4 Personen

4	Schweinekoteletts
1 EL	Moutarde de Montjoie CURRY
4	Zwiebeln
2	Knoblauchzehen
4 EL	Öl
	Petersilie
	Salz und Pfeffer aus der Mühle

Zutaten für die Senfcreme

125 ml	Crème fraîche
2 EL	Moutarde de Montjoie CURRY

Zubereitung

Koteletts salzen und pfeffern. Die Knoblauchzehen schälen, der Länge nach halbieren und vierteln, Zwiebeln mit der Struktur in Streifen schneiden. Mit einem Küchenmesser schräg ins Fleisch einstechen und an der Messerklinge die Knoblauchzehe und ein Stück Zwiebel eindrücken. Die anderen Knoblauch- und Zwiebelstücke auf die gleiche Weise im Fleisch verteilen. Danach das Kotelett mit Moutarde de Montjoie CURRY bestreichen. Damit der Senf nicht auf dem Backblech kleben bleibt, eine Seite des Koteletts mit Mehl bestäuben und diese Seite aufs gefettete Backblech legen. Backblech mit Öl bestreichen, und die Koteletts bei 225 Grad 25-30 Minuten garen.

Für die Senfcreme alle Zutaten verrühren und mit Salz abschmecken.

Kasseler im Senfmantel

Zutaten für 4 Personen

1	Ananas
5	Zwiebel
1	Stück frischer Ingwer
3	Moutarde de Montjoie CURRY
1 EL	Zucker
2 TL	Curry
1 kg	Kasseler
	Butter
250 g	eingelegte Senffrüchte oder Mango Chutney

Zubereitung

Die Ananas schälen, die Zwiebeln abziehen und beides in Scheiben schneiden. Den Ingwer schälen, fein hacken und mit dem Moutarde de Montjoie CURRY, Zucker, Salz und 1 TL Curry verrühren. Kasseler in eine gebutterte Auflaufform legen und mit dieser Senfpaste bestreichen. Ananas und Zwiebel um den Braten legen, mit Curry und Salz bestreuen. Den Ananassaft angießen und alles im Backofen bei 175 Grad ca. 80 Minuten garen. Das Kassler mit eingelegten Senffrüchten oder Mango Chutney garnieren.

Moutarde
de Montjoie

Schwein

Schweinefilet

Zutaten für 4 Personen

2	Schweinefilet à 500 g
500 g	Tomaten
1	Zwiebel
1	Bund Majoran
4 EL	Olivenöl
1 EL	Moutarde de Montjoie TOMATE
125 g	Crème fraîche
	Salz, schwarzer Pfeffer aus der Mühle
1	Prise Zucker

Zubereitung

Das Filet in fingerdicke Scheiben und dann in Streifen schneiden. Die abgebrühten Tomaten abziehen und in Scheiben schneiden. Die Zwiebel abziehen, hacken und Majoran waschen, trockentupfen und fein hacken. In einem Bräter 3 EL Öl erhitzen, und das Filet bei starker Hitze unter ständigem Wenden 2 Minuten braten, bis es leicht gebräunt und gar ist. Das Filet herausnehmen und warmhalten. Mit dem restlichen Öl Zwiebeln und Majoran bei abgeschwächter Temperatur dünsten. Crème fraîche, Tomaten und Moutarde de Montjoie TOMATE zugeben, unter ständigem Rühren zugedeckt 5 Minuten schmoren lassen. Anschließend das Fleisch wieder zugeben und erhitzen. Mit Salz, Pfeffer aus der Mühle und Zucker abschmecken und sofort servieren.

Schweinskarree mit Estragon-Senfkruste

Zutaten für 4 Personen

1 kg	Schweinskarree
2	Gemüsebananen à 250 g, noch grün
4	Tomaten
4	Zwiebeln
2	Knoblauchzehen
1 TL	Salz
1 TL	Senfpulver
5 EL	Moutarde de Montjoie ESTRAGON
1 TL	Zucker
3 EL	Ananassaft
1 EL	Zitronensaft
20 g	Traubenkernöl
	Salz, und weißer Pfeffer aus der Mühle

Zubereitung

Den TL Salz, das Senfpulver und die 3 EL Moutarde de Montjoie ESTRAGON, den Zucker und nach 10 Minuten, den Ananassaft miteinander verrühren, bis ein Brei entstanden ist. Das Schweinskarree damit bestreichen und zur Seite stellen. Eine Kasserolle mit ein wenig Öl auspinseln und erhitzen. Das Fleisch hineinlegen und im 250 Grad heißen Ofen zunächst 30 Minuten braten. Nach dieser Zeit die geschälten Zwiebeln zugeben und den Ofen wieder verschließen. Garzeit insgesamt 60 Minuten. Nun die Bananen schälen, in mundgerechte Stücke schneiden und genau wie Kartoffeln in Salzwasser etwa 30 Minuten garen. Zwischenzeitlich die Tomaten blanchieren, kurz in kochendes Wasser geben, enthäuten, die Knoblauchzehen schälen und in kleine Stifte schneiden und 10 Minuten vor Ende der Garzeit mit dem restlichen Moutarde de Montjoie ESTRAGON zum Fleisch geben. Das Ganze mit grobem Pfeffer bestreuen. Nun die abgetropften Bananenstücke mit etwas Zitrone beträufeln, und im heißen Traubenkernöl rösten, pfeffern und salzen und heiß zum Fleisch, den Tomaten und den Zwiebeln servieren.

Geflügelleber

Zutaten für 4 Personen

1 kg	Hähnchenleber
2 EL	Soja-Sauce
	Pfeffer aus der Mühle
20 g	Butter
200 g	frischer Spinat oder TK-Ware
4	kleine Tomaten
150 g	weiße Champignons
	Schnittlauch

Zutaten für die Marinade

2 EL	Zitronensaft
2 EL	Moutarde de Montjoie CURRY
	Salz und Pfeffer aus der Mühle
1/4 TL	Zucker
5 EL	Olivenöl
	etwas gehackter Sauerampfer

Zubereitung

Die Pilze putzen und in Scheiben schneiden. Den geputzten und gewaschenen Spinat mit halbierten Tomaten und den Pilzen auf großen Tellern anrichten. Die Marinadenzutaten gut miteinander verrühren und abschmecken. In einer Pfanne die Butter zerlassen, Hähnchenleber mit mäßiger Temperatur 2 Minuten pro Seite leicht braten, mit Soja-Sauce, Salz und Pfeffer würzen. Auf den mit Spinat-Salat bereit stehenden Tellern in der Mitte plazieren, alles mit der Marinade überziehen. Mit Schnittlauch verzieren und warm servieren.

Gebratene Hühnerbrust mit Curry-Senf-Sahne

Zutaten für 4 Personen

4	Hähnchenbrüste
5 EL	Moutarde de Montjoie CURRY
125 g	geröstete Erdnüsse
125 g	Crème fraîche
80 g	Butter
3 EL	Erdnußöl
2 EL	gehackte Petersilie
	Salz, weißer Pfeffer aus der Mühle

Zubereitung

2/3 der Butter in einem Topf schmelzen lassen, aber nicht erhitzen. 3 EL Moutarde de Montjoie CURRY einrühren und die Hähnchenbrüste darin rundherum schwenken. Anschließend in den gehackten Erdnüssen wälzen und auf einem Gitter abtropfen lassen. In einer Pfanne das Erdnußöl und die restliche Butter erhitzen, und die Hähnchenbrüste darin von jeder Seite etwa 3 Minuten braten und anschließend herausnehmen. Auf Küchenpapier abtropfen lassen und warm halten. Das verbliebene Fett aus der Pfanne abgießen, die Crème fraîche und den restlichen Moutarde de Montjoie CURRY einrühren und langsam erwärmen. Mit Pfeffer aus der Mühle und Salz abschmecken und die gehackte Petersilie einstreuen. Die Senfsahne getrennt zu den Hähnchenbrüsten servieren.

Wildente in Moutarde de Montjoie ORANGE

Zutaten für 2 Personen

1	Wildente
4	Scheiben fetter Speck
1	Apfel
6	Schalotten
1 EL	Moutarde de Montjoie ORANGE
1 EL	Johannisbeeren schwarz, in Alkohol eingelegt
2 TL	Creme double

Zubereitung

Die Entenbrust mit Speckscheiben belegen und umwickeln und in den vorgeheizten Backofen schieben. Schalotten vierteln und dazugeben, pfeffern und salzen. 60-80 Minuten bei 190 Grad im Backofen braten. Ab und zu mit dem Fett begießen. Für die Sauce Moutarde de Montjoie ORANGE und Johannisbeeren in den Sud geben. 2 TL Creme double in die Sauce geben und leicht andicken lassen. Ente tranchieren, Sauce, Schalotten und Johannisbeeren darüber gießen, den geschälten in Scheiben geschnittenen Apfel, in Butter gebraten, als Garnitur verwerten.

Züricher Putergeschnetzeltes

Zutaten für 4 Personen

750 g	Putenbrustfilet
1	Zwiebel
50 g	Mehl
1/4 ltr.	Fleischbrühe
125 g	Schlagsahne
1/8 ltr.	Weißwein
1/2	Bund Petersilie
	Salz
2 EL	Moutarde de Montjoie LIMONE

Zubereitung

Fleisch in dünne Scheiben schneiden, die Zwiebeln schälen und würfeln. Das Fett erhitzen, die Zwiebeln dazugeben und glasig dünsten. Das Putenfleisch dazugeben und 2 Minuten braten, bis die Flüssigkeit verdampft ist. Nicht bräunen! Mehl darüber stäuben und unterrühren. Es darf keine Flüssigkeit in der Pfanne sein, sonst bildet das Mehl Klümpchen. Zuerst die Brühe, Sahne, Moutarde de Montjoie LIMONE und den Wein zugeben. Unter Rühren alles aufkochen, auf die Seite stellen und 5 Minuten garen lassen, damit das Mehl richtig quellen kann. Die Sauce mit Salz und Pfeffer abschmecken. Petersilie unter kaltem Wasser abspülen, trocknen und vom Stengel zupfen und hacken. Zum Servieren die gehackte Petersilie über das Geschnetzelte streuen.

Hähnchen à la Schwiegersohn

Zutaten für 4 Personen

4	Hähnchenkeulen
10	Kartoffeln
3	Zwiebeln
3 EL	Sesamöl
2 TL	Salz
2	Zitronen
4 EL	Moutarde de Montjoie LIMONE
3 EL	Butter
1	Tasse Wasser

Zubereitung

Die Kartoffeln schälen, waschen und in Scheiben schneiden. Auf einem Backblech ausbreiten und salzen. Zwiebeln in Würfel schneiden und über die Kartoffeln verteilen. Hähnchenkeulen mit Salz und Pfeffer würzen ebenfalls auf dem Backblech verteilen. 3 EL Butter und eine Tasse Wasser dazugeben. Das Backblech in den vorgewärmten Backofen bei 180 Grad schieben. Nach 15 Minuten die Hähnchenkeulen wenden. Inzwischen die Zitronen pressen, den Saft mit Sesamöl und Moutarde de Montjoie LIMONE mischen. Nach insgesamt 30 Minuten die Hähnchen entnehmen und mit Zitrone und Senfsauce bestreichen. Erneut für 8 Minuten in den Backofen, nach etwa 4 Minuten wieder wenden.

Schweizer Schnitzel

Zutaten für 4 Personen

4	Kalbsscheiben aus der Oberschale
4	Scheiben roher Schinken
4	Scheiben Emmentaler Käse
2 EL	Moutarde de Montjoie LIMONE
	Salz, Mehl, Paniermehl
1	Ei
	Bratfett

Zubereitung

Die Scheiben der Kalbsoberschale lang auf den Küchentisch auslegen. Mit dem Moutarde de Montjoie LIMONE bestreichen. Man schichtet einen Scheibe rohen Schinken und eine nicht zu dünne Scheibe Emmentaler Käse. Der Schinken sollte nicht größer sein als die Fleischscheibe. Die Fleischscheibe etwas andrücken und zuklappen mit Spießchen fixieren. Nun mehlieren und in frisch aufgeschlagenem Ei wälzen und in feinem Paniermehl panieren. In heißem Fett goldgelb braten und mit Zitronenschalen garnieren.

Kalbsfilet Pikant

Zutaten für 4 Personen

1 kg	Kalbsfilet
20 g	Honig
	Salz, Pfeffer, Öl und Zitronensaft
1	Bund Dill
	Mehlbutter (Gemisch aus Butter u. Mehl) 4:1
125 g	Crème fraîche
2 EL	Moutarde de Montjoie CHILLI

Zubereitung

Den Honig, Pfeffer, Salz und den Moutarde de Montjoie CHILI verrühren und das Filet damit einstreichen und über Nacht ziehen lassen. Bei mittlerer Hitze anbraten. Das Filet mit Zitronensaft und Crème fraîche ablöschen und 10 Minuten köcheln lassen. Die Mehlbutter in die Sauce rühren und mit Honig und gehacktem Dill abschmecken.

Kalb

Kalbsrücken provencalisch

Zutaten für 4 Personen

1500 g	Kalbsrückenhälfte mit Filet
2 EL	Moutarde de Montjoie CHILI
8	Wacholderbeeren zerdrückt
1	Zweig Rosmarin, Thymian, Lorbeeren
3	Salbeiblätter
1	rote Zwiebel
4 cl	Calvados
4 EL	Öl
2 EL	Butter
	Salz und Pfeffer aus der Mühle

Zutaten für die Sauce

4	Schalotten
	Butter
	Traubenkernöl
2 EL	Crème fraîche
0.5 ltr.	Kalbsbrühe

Zubereitung

Den Kalbsrücken am Knochen lassen. Das Bratenstück salzen und pfeffern und mit Moutarde de Montjoie CHILI bestreichen, anschließend mit den zerdrückten Wacholderbeeren bestreuen und mit Zwiebelscheiben belegen. Die Kräuterzweige auf die Zwiebelscheiben legen und festbinden. Im vorgeheizten Backofen bei ca. 220 Grad 40 Minuten in Butter und Öl, mit der Fleischseite nach unten anbraten. Bratenstück umdrehen, mit Calvados übergießen und mit Alufolie einwickeln und auf der Fleischseite nach oben ruhenlassen. Die Schalotten in Butter andünsten, Bratenfond mit dem Kalbsfond ablöschen und zu den Schalotten geben. 10 Minuten köcheln lassen, durch ein feines Haarsieb streichen und mit Crème fraîche auffüllen und auf die gewünschte Konsistenz einkochen lassen.

KALB
Moutarde de Montjoie
HONIG
OEL

Rehrücken Ardenner Art

Zutaten für 4 Personen

2 kg	Rehrücken
	frischer Speck zum Spicken
100 g	Butterschmalz
1/4 ltr.	Fleischbrühe
200 g	Crème fraîche
1/4 ltr.	Rotwein
1 EL	Moutarde de Montjoie ALTDEUTSCH
2 EL	Preiselbeergelee
1/2 TL	Salz
	Pfeffer aus der Mühle
40 g	kalte Butter zum Binden
1	ungespritzte Orange oder Grapefruit
200 g	blaue und weiße Trauben

Zubereitung

Den Rehrücken sorgfältig mit scharfem, dünnem Messer enthäuten, mit Speckstreifen spicken. Butterschmalz in der Pfanne des Backofens zerfließen lassen. Den Rehrücken auf den gespickten Seiten nacheinander bei starker Hitze anbraten und dann auf die Filetseite legen. Mit Alufolie abdecken und ca. 30-45 Minuten bei geringer Hitze, unter häufigem Begießen mit dem Bratenfett, garen. Den Braten herausnehmen, in Folie schlagen und warmstellen. Das Bratfett abgießen, Bratensatz mit Rotwein ablöschen, mit Fleischbrühe und Crème fraîche auffüllen. Nach Geschmack salzen und pfeffern. Das Ganze etwas einkochen lassen. Moutarde de Montjoie ALTDEUTSCH und Preiselbeergelee einrühren und die heiße Sauce mit kalten Butterflöckchen binden. (Stück für Stück am Herdrand schnell einrühren). Rehrücken aus der Folie nehmen, tranchieren und auf dem Brett mit ungespritzten, geschälten, halbierten Orangen- oder Grapefruitscheiben verzieren. Die Sauce extra servieren.

Hasenrücken

Zutaten für 4 Personen

2	Hasenrücken à 500 g
50 g	Butterschmalz
	Salz, Pfeffer aus der Mühle
1/8 ltr.	trockenen Weißwein
3	Zwiebeln
1 TL	grüne Pfefferkörner
1 EL	Moutarde de Montjoie GRÜNER PFEFFER
1 TL	getrockneter Majoran
200 g	Crème fraîche
2 cl	Cognac

Zubereitung

Hasenrücken waschen, abspülen, trockentupfen, pfeffern und salzen. Dann in heißem Fett anbraten und herausnehmen. Zwiebeln abziehen und würfeln, im Fett glasig dünsten, den Hasenrücken mit der Knochenseite nach unten drauflegen. Den Wein, die zerdrückten Pfefferkörner und Majoran dazugeben. Im geschlossenen Topf bei kleiner Hitze ca. 45 Minuten schmoren. Anschließend den Hasenrücken herausnehmen, das Fleisch vom Knochen lösen und in Scheiben schneiden. Crème fraîche, den Moutarde de Montjoie GRÜNER PFEFFER in den Bratensud und bei großer Hitze cremig einkochen lassen. Die Sauce mit Cognac abschmecken und zum Fleisch servieren.

Wild

Eifeler Hirschgulasch

Zutaten für 4 Personen

1 kg	Hirschgulasch
30 g	Butterschmalz
1 TL	Pfefferkörner
1	Lorbeerblatt
2	Wacholderbeeren
2	Pimentkörner
	Salz
1/4 ltr.	Rotwein
500 g	Äpfel
2 EL	Preiselbeeren
2 EL	Moutarde de Montjoie ALTDEUTSCH
20 g	Mehl
10 g	Margarine

Zubereitung

Sauber geschnittenen Hirschgulasch in heißem Fett scharf anbraten. Gewürze zufügen, salzen und Rotwein zugießen. 250 g Äpfel schälen, in Spalten schneiden und nach 60 Minuten Schmorzeit hinzufügen und 15 Minuten mitschmoren lassen. Die Preiselbeeren und Moutarde de Montjoie ALTDEUTSCH hinzufügen. Gulasch mit angerührtem Mehl binden und mit Salz abschmecken. Den Rest Äpfel in Scheiben schneiden und in Margarine kurz ca. 4 Minuten anbraten, und auf das angerichtete Gulasch legen und mit Preiselbeeren garnieren.

Rehkeule Eifeler Art

Zutaten für 4 Personen

1	Keule eines Jungrehes
5	Korianderkörner
70 g	Butterschmalz
100 g	Speck durchwachsen
	Salz und Pfeffer aus der Mühle
30 g	Butter
3 EL	Crème fraîche
2 EL	frische Preiselbeeren
1 EL	Moutarde de Montjoie ALTDEUTSCH

Für die Marinade

0,7 ltr.	Ahrrotwein trocken
1	Lorbeerblatt
2	Nelken
10	Wacholderbeeren
1	Zwiebel geschnitten
1	Karotte geschnitten
1	Stange Staudensellerie

Zubereitung

Gewürze und Gemüse im Rotwein kurz aufkochen und erkalten lassen. In dieser Marinade die Rehkeule 3 Tage unter mehrmaligem Wenden liegenlassen. Die Keule nach dem Herausnehmen gut abtrocknen. Den kleingeschnittenen Speck in den Kessel legen, dann die Keule in heißem Butterschmalz von allen Seiten anbraten, salzen und pfeffern. Dann 2/3 der durch das Sieb gegossenen Beize zugeben und die Keule im Ofen unter Begießen ca. 60 min bei 180 Grad weichschmoren. Das fertiggegarte Fleisch aus dem Topf nehmen und warmstellen. Den Kochfond mit der restlichen durchgeseihten Marinade vermischen und auf 1/4 einkochen lassen. 30 g Butter, 3 EL Crème fraîche, 2 EL Preiselbeergelee und 1 EL Moutarde de Montjoie ALTDEUTSCH zufügen. Zu einer feinen Sauce schlagen und über das aufgeschnittene Fleisch gießen.

Kartoffeln mit Knoblauch-Sauce für Feinschmecker

Zutaten für 4 Personen

1.5 kg	kl. Kartoffeln
2	Eigelb
1 TL	Moutarde de Montjoie KNOBLAUCH
1/8 ltr.	Öl
3 EL	Weißweinessig
1 TL	Moutarde de Montjoie KÜMMEL
5	Knoblauchzehen
	Salz
2 TL	Peperoni-Creme

Zubereitung

Kartoffeln waschen, im Wasser mit Schale weich kochen. Eigelb mit den Senfen verrühren. Das Öl zuerst tropfenweise, dann mit dünnem Strahl dazugießen und kräftig zu Mayonnaise verrühren. Den Essig mit Peperoni-Creme und zerdrückten Knoblauchzehen untermischen und mit Salz abschmecken. Die gargekochten Kartoffeln abpellen und die Sauce dazureichen.

Geschmorte Steinpilze

Zutaten für 4 Personen

40 g	getrocknete Steinpilze
1 kg	Champignons
1/8 ltr.	Orangensaft
200 g	Zwiebeln
1 Stück	frischer Ingwer
50 g	Butter
1/2	Salatgurke
1	Bund Petersilie
2 EL	Moutarde de Montjoie CURRY

Zubereitung

Steinpilze in Orangensaft 30 min einweichen. Champignons ohne Stiele halbieren. Den Ingwer schälen und zerdrücken, Zwiebeln würfeln. Die Champignons in heißer Butter und dem Moutarde de Montjoie CURRY andünsten. Die eingeweichten Pilze und den Orangensaft zugießen, und im Topf 15 Minuten schmoren lassen. Die Gurken schälen, halbieren und mit dem Teelöffel die Kerne entfernen, in Würfel schneiden und salzen. 10 Minuten ziehen lassen und zu den Pilzen geben und aufkochen lassen. Das Gemüse mit Salz und Moutarde de Montjoie CURRY abschmecken und mit Petersilie bestreuen.

Porree Orange

Zutaten für 4 Personen

1	ungespritzte Orange
30 g	Quark
1 EL	Moutarde de Montjoie ORANGE
1 TL	Zucker, Salz
2 EL	Zitronensaft
1/8 ltr.	Öl
4	Porree-Stangen
50 g	Butter
4 EL	lieblichen Weißwein der Mosel

Zubereitung

Ungespritzte Orange halbieren und auspressen. Quark mit Moutarde de Montjoie ORANGE, Zucker und Salz verrühren, dann mit dem Handrührer 2 EL Orangensaft, 2 EL Zitronensaft und das Öl unterschlagen. Porree putzen und der Länge nach halbieren und waschen. Eine Auflaufform ausfetten, Porree hineinlegen mit 2 EL Wasser und Wein beträufeln, mit flüssigem Fett bestreichen und mit Folie verschließen. Im Backofen bei 200 Grad 45 Minuten garen. Mit Orangenschale bestreuen, mit der Sauce servieren.

Vegetarisch

Bärbel's Gemüsecurry

Zutaten für 4 Personen

800 g	Mischgemüse, frisch vom Markt, oder TK-Produkte
30 g	Butter
250 ml	Sahne
125 ml	Crème fraîche
100 ml	Gemüsebrühe (Instant)
	Salz, Pfeffer aus der Mühle
1 TL	Honig
1 TL	Moutarde de Montjoie CURRY

Zubereitung

Das Gemüse im Kochtopf mit zerlassener Butter anschwenken und salzen und pfeffern. Mit der Gemüsebrühe auffüllen und ca. 10 Minuten bei schwacher Hitze bißfest kochen. Die Sahne und den Moutarde de Montjoie CURRY hinzugeben, vorsichtig unterrühren und erneut erhitzen. Mit Crème fraîche auf die gewünschte Dicke einkochen. Den Honig erst vor dem Servieren untermengen.

Eier in Monschauer Senf-Sauce

Zutaten für 4 Personen

8	Eier
	Essigwasser zum Pochieren
4	Schalotten, fein gehackt
4	Eigelb
0.1 ltr.	Weißwein trocken
0.1 ltr.	Bouillon
2 EL	Moutarde de Montjoie URREZEPT
125 g	Butter
	Salz
5	kleine Tomaten
	etwas Kerbel

Zubereitung

Schalotten mit Wein und Bouillon einkochen lassen. In die eingekochte Füssigkeit die Eigelbe geben und in einem Wasserbad cremig schlagen. In diese Masse die zerlassene Butter tröpfchenweise zusetzen, dann in dünnem Strahl die Butter und den Moutarde de Montjoie URREZEPT unterschlagen. Mit Salz abschmecken und warmhalten. Nun die Eier pochieren. Die Teller mit der Senfsauce ausspiegeln, die pochierten Eier darauf anrichten mit Tomaten und Kerbel garnieren.

Schwarzwurzeln in Monschauer Senf-Sahne

Zutaten für 4 Personen

1	Tasse Essig
750 g	Schwarzwurzeln
	Salz
4 EL	Butter
3 EL	Mehl
1/4 ltr.	Milch
1/4 ltr.	Gemüsebrühe
	Pfeffer aus der Mühle
3 EL	Moutarde de Montjoie ALTDEUTSCH

Zubereitung

Schwarzwurzeln unter Wasser schälen und in einen Topf in Essigwasser legen (schmecken sonst fade). Die Schwarzwurzeln in Stücke schneiden und im Salzwasser 15 Minuten garen. Ein wenig Fett zerlassen, Mehl darin anschwitzen, mit der Milch und 1/4 ltr. Gemüsebrühe ablöschen. Alles 5 Minuten köcheln lassen. Sauce mit Salz, Pfeffer und Moutarde de Montjoie ALTDEUTSCH abschmecken.

Hier wurde 1882 die Senfmühle in Monschau gegründet.

Familien-
geschichte

In der Zeitung vom 10. 02. 1883 gab mein Urgroßvater Clemens August Breuer mit seinem Bruder Heinrich die Aufnahme der Senfherstellung in Montjoie bekannt. Dabei war Heinrich für den Verkauf zuständig, Urgroßvater selbst betrieb die Senfherstellung im Nebenerwerb, er führte weiterhin seine Bau- und Kunstschlosserei. Der Senf wurde von Urgroßmutter, im Hause Kirchstraße 105, produziert. Das Geschäft florierte bereits nach kurzer Zeit. So kaufte Urgroßvater z. B. ein Pferd, um seine Ware sogar bis nach Luxemburg zu liefern, wie im Contobuch 1905 vermerkt.

Feinster
Tafelsenf
empfiehlt billigst
Aug. Breuer,
Dampfsenffabrik Montjoie.

Etwa zugleich mit dem Umzug in die Rurstraße 303 im Jahre 1910 übernahm Großvater Emil die Senfmühle und verwendete nun einen gebrauchten Dampfkessel aus England für die Dampfsenfherstellung. Ein bereits vorhandenes Wasserrad wurde erneuert, um damit die Senfmühle anzutreiben. Es ist heute noch an der Rur, hinter dem Roten Haus, zu sehen. In den 20er Jahren lief das Geschäft gut, Senf wurde vor allem - und das sogar über

Der Senfmüller beim Abfüllen

einen eigenen Fahrer - im Bereich Eupen - Malmedy, bis nach Frankfurt am Main, an die Ahr und an den Rhein, selbst nach Düsseldorf

Ab 1952 Umzug ins Laufenbachtal

verkauft, wo es genügend »Senfkonkurrenz« gab. Großvater Emil und sein Sohn Clemens bauten den 1907 gegründeten Zweig der Fabrik - alkoholfreie Getränke - nach und nach zum Getränkeverlag aus. Im Jahre 1952 zog die Firma, nun unter der Leitung meines Vaters Clemens Breuer, in das Laufenthal, in eine ehemalige Tuchfabrikationsmühle um, wo sie sich noch heute befindet. Am 1. Januar 1981 übernahmen meine Frau Marlis und ich die Leitung des Getränkevertriebes, wir gründeten zusätzlich das Weinkontor »Montjoie« und restaurierten die historische Senfmühle. Somit schlüpfte ich als 4. Generation in die Rolle des Senfmüllers.

(Weitere Informationen über unsere Firmengeschichte können Sie bei Toni Offermann: Kleine Geschichte der Monschauer Spezialitäten, Monschau, 1993, nachlesen).

Die ersten fünf Geschmacksrichtungen: URREZEPT, ESTRAGON, KNOBLAUCH, MEERRETTICH, CURRY

SENF UND GESUNDHEIT

In seinem Gesundheitsbuch schrieb B.A. Mattioli 1563:

» Senff-Senapi in der speiss genossen ist gutt dem magen, zerteylt die groben speyss und verzeret die überflüssige feuchtigkeit darinnen, fürdert den harn und die frawenzeit, reumt die brust, macht wohl ausreuspern, ist derhalb gutt denen, welche den atem scherlich aus- und einziehen. Senff mit essig getrunken zertreibt den stein. In warmen weissen wein genossen, dient er wider das alltägige feber, quotidiana genandt. «

Einige dieser Senfweisheiten sind bis heute unwidersprochen geblieben. Die moderne Ernährungswissenschaft hat inzwischen nachgewiesen, daß mit Senf bereitete fette und schwere Speisen verdaulicher werden. Senfkörner enthalten Stoffe, die das Wachstum krankmachender Bakterien im Darm hemmen können. Hier einige Beispiele für die Behandlung mit Senf.

Senfbad gegen Erkältungen:
Man schüttet eine große Tasse gelbes Senfmehl in die Badewanne (ca.80 l). Das Senfmehl löst sich im Wasser auf. Das Senfbad wirkt stark durchblutungsfördernd und schweißtreibend bei einer Badezeit von 10 Minuten. Nach dem Bad soll man ruhen.
Ein wenig Senfpulver im Fußbad sorgt rasch für warme Füße und vermehrte Durchblutung des ganzen Körpers.

Die Bronchitis-Senfmehlwickel:
Dazu rührt man 2-3 Eßlöffel Senfmehl in 1 l kaltes Wasser und gibt nach 1 Minute heißes Wasser hinzu, bis die Temperatur der Lösung 42-45 Grad beträgt. Ein Wickeltuch eintauchen, auswringen und sofort mit Zwischen- und Wolltuch auf die Brust legen. Nach 10 Minuten abnehmen, um die Haut nicht zu schädigen. Die Reste Senfmehl warm abwaschen.